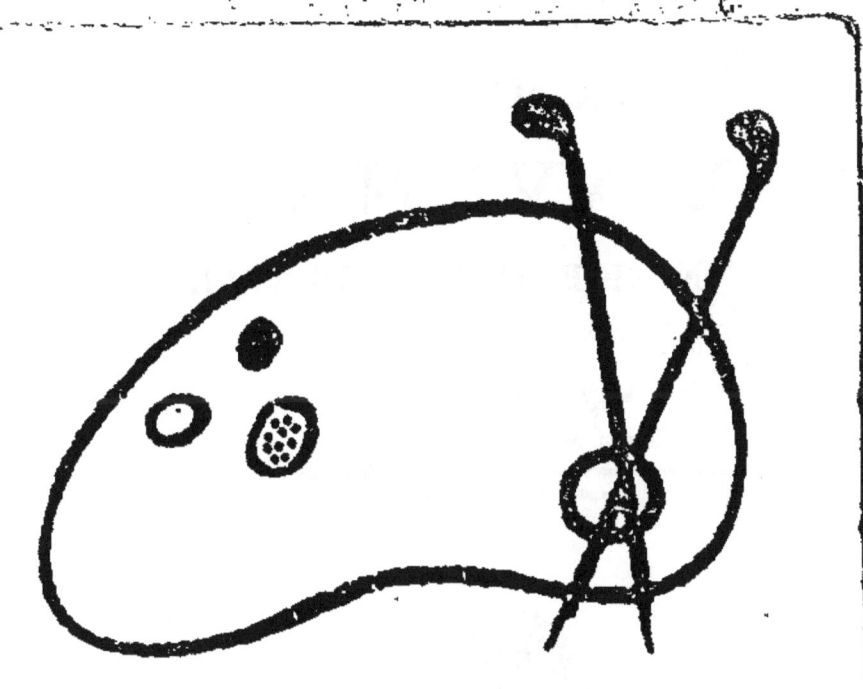

Début d'une série de documents en couleur

LA MAISON
D'AVÈNE
DE FONTAINE ET DE ROBERVAL

PAR

M. l'Abbé MOREL

CURÉ DE CHEVRIÈRES (Oise)

MEMBRE DE LA SOCIÉTÉ HISTORIQUE DE COMPIÈGNE, CORRESPONDANT DU COMITÉ
ARCHÉOLOGIQUE DE SENLIS.

AMIENS
TYPOGRAPHIE DE DELATTRE-LENOEL
32, RUE DE LA RÉPUBLIQUE, 32

1884

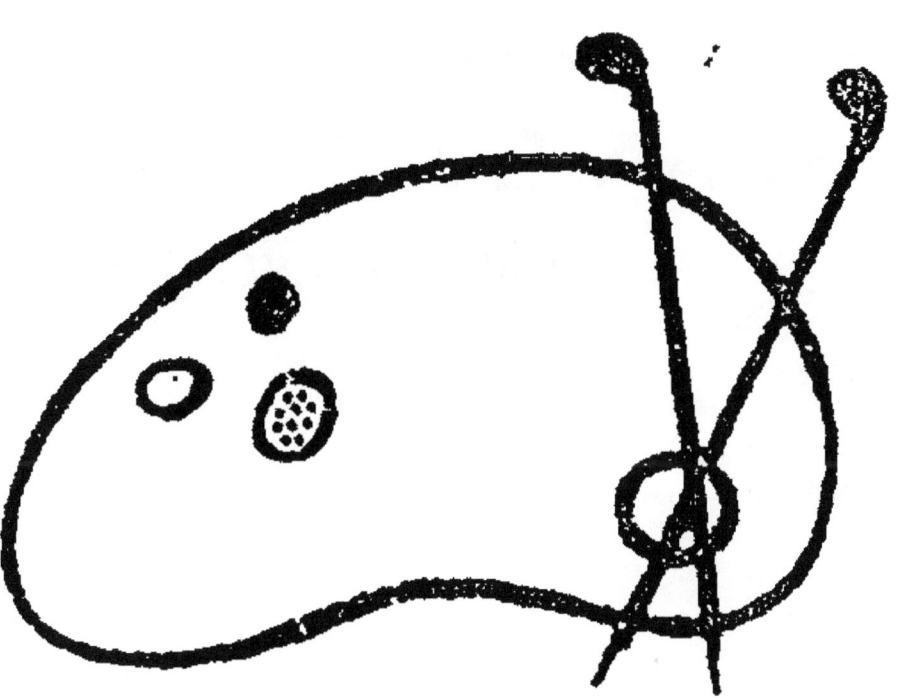

Fin d'une série de documents en couleur

LA MAISON
D'AVÈNE
DE FONTAINE ET DE ROBERVAL

PAR

M. l'Abbé MOREL

CURÉ DE CHEVRIÈRES (Oise)

MEMBRE DE LA SOCIÉTÉ HISTORIQUE DE COMPIÈGNE, CORRESPONDANT DU COMITÉ
ARCHÉOLOGIQUE DE SENLIS.

AMIENS
TYPOGRAPHIE DE DELATTRE-LENOEL
32, RUE DE LA RÉPUBLIQUE, 32

1883

(*Extrait de la* Picardie.)

Cette Notice a été lue à la Société historique de Compiègne, en la séance de juillet 1883.

LA MÉMOIRE

DE NOBLE ET VERTVEVSE DAME,

MADAME

JEANNE-CLARY D'AVÈNE DE ROBERVAL,

ÉPOVSE DE M. HARLÉ D'OPHOVE,

ENDORMIE DANS LE SEIGNEVR,

LE VIII MAI MDCCCLXXXIII.

RESPECTVEVX HOMMAGE.

LA MAISON D'AVÈNE

DE FONTAINE ET DE ROBERVAL

Les armes de la Maison d'Avène sont : *d'azur au chevron d'or, accompagné de trois gerbes d'avoine, deux en chef, une en pointe, cette dernière surmontant un croissant, le tout d'or.* Les supports de l'écu sont deux cygnes. La devise qui l'accompagne est : *Albus sine macula cycnus.* Une couronne de comte sert de timbre.

La famille d'Avène est originaire de Blois. Son établissement à Fontaine-les-Cornu, en la province de l'Ile-de-France, date seulement des premières années du xvIIIᵉ siècle.

I. — Pierre d'Avène.

Pierre d'Avène, écuyer, fut pourvu de la charge de conseiller, secrétaire du roi, maison et couronne de France, en la Chancellerie près le Parlement de Rennes en Bretagne, le 15 décembre 1708. Cette charge avait été remplie avant lui par Jean-Baptiste Durbec. Elle fut supprimée par édit du mois de juin 1715. Pierre d'Avène mourut à l'âge de 79 ans, le 6 octobre suivant, en la paroisse de Saint-Gilles d'Estampes. On lui connaît deux enfants :

1. Jean-Baptiste d'Avène, et
2. N.... d'Avène, femme de Jean Rousseau, bourgeois de Paris.

II. — Jean-Baptiste d'Avène.

Jean-Baptiste d'Avène, écuyer, prit le titre de seigneur de Fontaine, après avoir acheté la terre de Fontaine-les-Cornu.

Le village de Fontaine fait aujourd'hui partie du canton Nanteuil-le-Haudouin (Oise). Son surnom *les Cornu* (1) lui vient de ses premiers seigneurs, dont les chartriers de Chaalis, de Saint-Maurice, de Saint-Vincent et du Chapitre de Senlis conservaient des actes.

Au mois d'octobre de l'an 1223, Raoul de Fontaine, chevalier, *Radulfus de Fonte, miles*, donnait au Chapitre de Notre-Dame de Senlis tout ce que le chanoine Hugues de Pont tenait de lui en fief à Coye (canton de Creil) *quicquid Hugo de Ponte, canonicus Silvanectensis, de feodo ejus apud Coye tenebat*. L'acte de donation fut

---

(1) De ce surnom on a fait, depuis le xviiie siècle, *les-Corps-Nuds*. M. Coüard-Luys, le savant archiviste de l'Oise, dont l'obligeance nous a valu plus d'un renseignement sur les Cornu de Fontaine, protestait naguère devant nous contre cette transformation absurde. Nous nous rangeons pleinement à son avis. La vérité historique réclame le retour à l'ancienne manière d'écrire.

rédigé par les soins de Guérin, évêque de Senlis, chancelier de France (1). En 1258, au mois de décembre, une sentence arbitrale de Pierre de Fontaine, bailli de Vermandois, et Pierre Choisel, chevalier, terminait une contestation entre l'abbaye de Chaalis et les habitants d'Orry (canton de Senlis) (2).

Deux ans auparavant, le samedi 8 avril 1255 (1256 N. S.), *anno Domini M°CC°L°V°, mense aprili, die sabbati post Isti sunt dies*, Thomas de Fontaine, dit Cornu, chevalier, et Perronelle, sa femme, *Thomas de Fontanis, dictus Cornutus, miles, et Petronilla, uxor sua*, vendaient à Marguerite le Bouteiller, dame d'Ermenonville, *nobili mulieri domine Margarite de Ermenonville Buticularie*, 136 arpents de bois, sis entre Orry et la Chapelle, appelés le Chesnoy, *sex viginti et sexdecim arpennos nemoris, siti inter Oiri et Capellam, quod vocatur le Chesnoi*, en la mouvance de Jean les Champs de Survilliers, écuyer. 25 sols parisis par arpent formèrent le prix de vente (3).

Au mois de novembre 1263, le même Thomas de Fontaine, dit Cornu, chevalier, *Thomas de Fontanis, dictus Cornutus, miles*, et Perronelle, sa femme, cédaient au roi St-Louis, moyennant 700 livres parisis, toute la terre arable qu'ils avaient à St-Pathus (canton de

---

(1) Arch. de l'Oise. *Chapitre de N.-D. de Senlis*, Orry-la-Ville; — Invent. somm. G. 2258.

(2) Arch. de l'Oise. *Chapitre de N.-D. de Senlis*. Orry-la-Ville; — Invent. somm. G. 2200.

(3) Arch. de l'Oise. *Chapitre de N.-D. de Senlis*, Orry-la-Ville; — Invent. somm. G. 2258.

Dammartin, Seine-et-Marne) en la mouvance de Jean de Barres, chevalier, seigneur d'Oissery (canton de Dammartin), *totam terram suam arabilem, quam habebant apud sanctum Patucium, moventem a Johanne de Barris, milite, domino de Oisseriaco, in feodum.* Le sceau de Thomas de Fontaine, appendu à l'acte, porte un écu chargé d'une bande et surmonté d'une fontaine, avec cette légende circulaire : Sicillvm Thome le Cornv, militis de Fontanis (1). En 1266 apparaît encore Thomas de Fontaine, dit Cornu, *Thomas de Fontanis dictus Cornutus.* A cette date il notifiait la vente de 14 arpents de terre, faite au territoire de St-Pathus, au profit du prieuré de St-Maurice de Senlis, par Guillaume de Joigny, écuyer, *Guillermus de Jehengniaco, armiger* (2). Il était mort en 1277. Un échange, intervenu au mois de juin de cette année, entre Gui, curé de Fontaine, au diocèse de Senlis, *ecclesie de Fontanis, Silvanectensis diocesis,* d'une part, et Clair de Boasne, *Clarum de Baerna,* et Marguerite, sa femme, d'autre part, nous apprend que deux arpents de terre, sis à Fontaine, dont la cure devenait ainsi propriétaire, touchaient à la vigne de la Bultée, *que Buletee vualgariter appellatur,* et à la terre de Monseigneur Cornu de Fontaine, en son vivant, chevalier, *Cornu de Fontanis, quondam militis.* Deux autres arpents de terre, cédés également par le même échange à la cure de Fontaine, tenaient aux terres

---

(1) Arch. de l'Oise. *Prieuré de St-Maurice de Senlis.* St-Pathus; — G. de May. *Invent. des sceaux de la Picardie,* n° 322.
(2) Arch. de l'Oise. *Prieuré de St-Maurice.* St-Pathus.

du défunt seigneur Cornu de Fontaine et de Gilles de Fontaine, écuyer (1). « Guyars Bouteilliers de Senlis, escuiers, sires de Ermenonville et de Montespillouir, jadis fiuz monseigneur Raoul Bouteillier, chevalier », confirma en juin 1281 ce contrat, dont il rappela toutes les clauses, en citant tous les noms qui nous intéressent (2). En novembre 1287, « Guillaume Burgaus, sires de Soinville, procurerres monsegneur Guillaume, dit Cornu de Fonteinnes », cédait, à titre d'échange, à l'abbaye de Chaalis, 38 arpents de terre, dont 11 arpents six perches, « derière Foucheroi, tenanz d'une part à la terre Mahieu de Fonteines escuier » ; 13 arpents, 48 perches « en ce lieu devant dit, et va li seintiers de Baron parmi, tenant d'une part à la terre Mahieu devant dit, et d'autre part à la terre de Foucheroi » ; 4 arpents, 6 perches, à la Pommeraie ; 8 arpents, 22 verges « à la Haye de Montespilloioir » et enfin 3 arpents, moins 13 perches « à l'Essuegt ». En contre-échange Guillaume de Fontaine reçut des religieux 44 arpents de terre, dont 2 arpents 3 quartiers « à la Crois de Fonteines » ; 3 arpents 5 perches 1/2, « à la terre Renier » ; 3 quartiers 4 perches « à la Fourme » ; 3 arpents 1/2 « en celi lieu, tenant d'une partie à la terre ledit Cornu et Thoumas de Trory, et d'autre part à la terre les enfanz Gile jadis de Fonteines, escuier » ; etc., etc. Perronelle, veuve de

---

(1) Arch. de l'Oise. *Abbaye de Saint-Vincent de Senlis*, Fontaine-les-Cornu ; — Invent. somm. H. 683.

(2) Arch. de l'Oise. *Abbaye de Saint-Vincent de Senlis*. Fontaine-les-Cornu ; — Invent. somm. H. 683.

Thomas de Fontaine, et mère de Guillaume, ratifia le contrat (1).

Simon de Fontaine était, en 1321, chapelain de la chapelle du Saint-Esprit en l'église cathédrale de Notre-Dame de Senlis (2). Etait-il membre de la maison de Fontaine ? Aucun document ne nous autorise à l'affirmer.

Le chapitre de N.-D. Senlis avait à Montlognon (canton de Nanteuil-le-Haudouin) un moulin sur la Nonette. « Les habitans et demourans en icelle ville » jouissaient de temps immémorial du droit de pêcher dans la rivière. Le meunier surtout faisait de la pêche sa récréation favorite. Cependant, au mois de juin 1408, François Augustin, seigneur de la moitié de Fontaine-les-Cornu, tant en son nom, qu'au nom de Jean de la Tournelle, chevalier, seigneur de l'autre moitié, essaya de l'interdire. Colin Signet, alors fermier du moulin, protesta, et, fort de son droit, ne tint nul compte de la défense seigneuriale. Une condamnation fut prononcée contre lui, avec menace de prison en cas de récidive. Il en appela au bailliage de Senlis et continua de pêcher. Un jour qu'aidé de son valet, il fauchait l'herbe de la rivière au-dessous du moulin, pour prendre plus facilement le poisson, Jean Paon, sergent de la justice de Fontaine, vint lui intimer l'ordre de cesser ce travail. Colin s'inquiéta peu de cette nouvelle prohibition. « J'ay appellé de vous, dit-il au sergent, parce que vous me

---

(1) Arch. de l'Oise. *Abbaye de Chaalis*. Fontaine-les-Cornu. — Afforty. *Tabul. Silvan.* t. XVI, p. 513, 519.

(2) Arch. de l'Oise. *Chapitre de Senlis.* Cathédrale ; — Invent. somm. G. 2068.

voulés mener en prison, et oster ma truble, en usant de mon droit, de mon usage et de ma communaulté. »
« Il ne me chaut, répliqua Jean Paon, de ton appellation, tu yras en prison. » Et aussitôt il arracha au meunier sa truble et le fit mener en prison « tout nu, tout deschaus, très rudement, vilainement et injurieusement, par hayes et espines, en loy trainant, comme se il feust larron ou grant malfaiteur. » Cet abus de pouvoir ne tarda pas à être jugé au bailliage de Senlis. François Augustin allégua en vain pour se disculper « que messire Jehans de la Tournelle, chevalier, et lui estoient segneurs en commune justice de la dicte ville et terrouer de Fontaines et y avoient pour indivis toute justice et segnourie moïenne et basse. » Le bailli « Pierre de Précy, escuyer, seigneur de Borrenc » déclara sa condamnation abusive et lui infligea deux amendes, l'une de huit livres parisis à payer au roi, et l'autre de 40 sols parisis comme dommages-intérêts au meunier. En même temps il maintint le fermier du Chapitre et les habitants de Montlognon en leur droit de pêche. Le jugement fut rendu le 8 décembre 1409 (1).

La terre de Fontaine passa-t-elle en totalité ou en partie aux Rouveroy de St-Simon ? Nous ne saurions le dire. Toujours est-il que le 13 février 1477, Gilles de Rouveroy de St-Simon léguait, par testament, au Chapitre de Senlis la terre de Fontaine-les-Cornu avec le vivier de la Gastellière et le moulin auprès, « pour le service et entreténement, sonnerie, procession de la chapelle

---

(1) Arch. de l'Oise. *Chapitre de Senlis.* Montlognon; — Inv. somm. G. 2274.

Saint-Jacques », qu'il avait fondée en la cathédrale (1). Le Chapitre ne paraît pas avoir gardé longtemps cette terre ; car, au commencement du xvi⁰ siècle, la maison de Romain en avait la propriété.

En 1525, Charles de Romain, qualifié seigneur de Betz et de Fontaine, achète à Oger de St-Blaise le fief de St-Blaise, sis à Levignen (canton de Betz) et lui paye 60 livres le samedi saint avant la bénédiction du cierge pascal, 15 avril 1525 (1526 N. S.) (2). En 1527, Louis de Romain, sans doute fils de Charles, déclare que son fief de la Motte, sis à Betz, relève du château de Lévignen (3). Le 19 octobre 1546, le même Louis de Romain, portant les titres d'écuyer, seigneur de Betz et de Fontaine-les-Cornu, loue à Jean de la Tournelle, hôtelier, toutes les dîmes de Fontaine, moyennant 18 sous parisis, ou un cent de gerbes de redevance, au choix du bailleur, et à la charge, pour le preneur, « de paier chascun an, le jour Sainct Martin d'iver, assavoir envers le curé dudict Fontaine six muys de grain, les deux pars blé, le tiers avoine, et un muy de blé aussy chascun an envers les religieux abbé et couvent de Sainct Vincent de Senlis, pour le gros des dictes dixmes » (4).

---

(1) Arch. de l'Oise. *Chapitre de Senlis.* Fondations ; — Inv. somm. G. 2158.

(2) L'abbé Gross. *Notice sur Lévignen.* Mém. du Comité archéol. de Senlis, 1877, t. III, p. 40.

(3) Graves. *Statist. Betz*, p. 72.

(4) Arch. de l'Oise. *Abbaye de St-Vincent.* Fontaine-les-Cornu ; — Invent. somm. H. 684.

Nous avons lu dans l'église de Fontaine-les-Cornu ce fragment d'inscription :

[Cy gisent Messire] Georges de Romain, en son
[vivant, seigneur] de Fontaines et de Gausoivre
[et l'un des] cents gentilshommes de la
[maison du roy, qui] trespassa le 18 janvier 1576,
[et noble dame] Adélaïde(?) de Lescot sa femme.

Georges était-il fils de Louis de Romain ? cela nous paraît très probable.

En 1581, Charles de Romain, gouverneur de Meaux, achète la moitié de la terre de Lévignen et le château de St-Blaise (1).

En 1622, il reçoit l'hommage de Henri de Schomberg, comte de Nanteuil-le-Haudouin, pour le fief des granges dîmeresses de Peroy-les-Gombries (canton de Nanteuil), relevant de la seigneurie de St-Blaise (2). De qui Charles de Romain était-il fils ? De Georges selon toute vraisemblance. Sa femme fut Anne ou Marie de Paris. Il en eut deux enfants : Robert et Anne de Romain. Robert embrassa l'état ecclésiastique. En 1629, il était conseiller, aumônier prédicateur ordinaire du roi, et curé de Plailly (canton de Senlis) (3). La terre de Fontaine lui appartenait alors. Anne, sa sœur, eut après lui ce domaine, dont elle jouissait déjà en 1660. Elle était à

---

(1) L'abbé Gross. *Notice sur Lévignen*, p. 43. — Graves. *Stat. Beiz*, p. 72.
(2) Gross. *Lévignen*, p. 50.
(3) Arch. de l'Église de Plailly.

cette époque veuve de Philippe de la Haye, seigneur de Vallière et de Fontaine (1). En 1664, elle fit placer en l'église de Fontaine, sur les tombes de sa mère et de son frère, une grande table de pierre, où se lit encore cette inscription maintenant fort usée par les pieds des passants :

A la mémoire glorieuse
de très haute et très puissante dame, Marie (ou Anne)
de Paris, vivante veufve de M⁰ Charles de Romain
seigneur de Fontaine [de Gansoivre] (2)
et de Charmeau (?) . . . .
et de très haut [et très puissant seigneur]
M⁰ Robert de Romain, leur fils, vivant conseiller
et secrétaire (?) du roy . . .
aumosnier et prédicateur de sa Majesté,
chanoine archidiacre et G . . . . . .
de l'église cathédrale de Noyon (?)

Avoir eu pour espoux un chevalier Romain,
Pour frère un de Paris et grand veneur (?) de France,
Et pour filz un zélé, d'un amour surhumain (?),
C'est avoir eu l'honneur d'une haute alliance.
Et lorsque fortement cette illustre eut la main
A ce qu'au mieux instruit son fils eut la puissance
De combattre l'erreur et la mettre à sa fin,
Elle fut bien sa mère, à titre d'excellence,
Si bien que l'un et l'autre, à destruire l'erreur,
N'ayans eu qu'un esprit, partagent cet honneur,

---

(1) *Reg. de catholic.* Fontaine-les-Cornu.
(2) Le fief de Gansoives, sis au Fayel (canton d'Estrées St-Denis) a été cédé par échange en 1626 à Elisabeth de Paris, femme de Charles de Montigny, par Robert de Romain. — *Arch. du chât. de Fayel.*

En supposlz de la foy, qui portoient sa lumière;
Et comme un si beau jour fut leur commun flambeau,
Soubz la mesme conduite, et le fils et la mère,
N'ayans qu'un mesme cœur, n'ont voulu qu'un tombeau.

In fide cor unum, anima una et unus in pace locus.
Requiescant in pace.
Hoc æternum gloriæ monumentum, Anna de Romain, domina de Valières et de Fontaines, etc., matris virtutibus adornata, superstes filia, illi filioque charissimo, soror devotissima, hic bene merita, curavit apponi anno Domini 1684.

Les registres de catholicité de Fontaine-les-Cornu nous apprennent, que le corps d'Anne de Romain fut aussi inhumé dans l'église le 8 juin 1670. Nicolas de la Haye, son fils, appelé le comte de Vallière, avait épousé cinq ans auparavant, le 19 octobre 1665, dans la chapelle des Templiers à Paris, Charlotte Allamant, comtesse de Coneressault, baronne de Choussy, veuve de François Puques, chevalier, seigneur du Guépan. En 1686, il était remarié à Claudine Dives avec laquelle il jouissait encore de la terre de Fontaine en 1699 (1). A sa mort, arrivée vers 1703, ses biens furent vendus. Les religieux de St-Vincent de Senlis s'opposèrent à l'adjudication de la terre de Fontaine, exigeant que l'adjudicataire reconnût leur droit à une redevance annuelle d'un muid de grain. Les procédures portent les dates de 1704 à 1707 (2). Le

---

(1) *Reg. de catholic.* Fontaine-les-Cornu.
(2) Arch. de l'Oise. *Abbaye de St-Vincent.* Fontaine-les-Cornu; — Invent. somm. H. 684.

17 mai 1706, un décret, rendu par la Chambre des requêtes au Parlement de Paris, adjugeait le domaine au sieur Meusnier. Mais Henri-Jules, prince de Bourbon-Condé, usant de son droit de suzerain, en fit le retrait féodal le 4 juin suivant. Son intention n'était pas cependant de garder la terre de Fontaine; car 23 jours après, le 27 juin 1706, il la vendit devant Lange, notaire à Paris, à Jean-Baptiste d'Avène et Renée Amyot, sa femme. Les nouveaux propriétaires ajoutèrent à leur domaine la ferme, les terres et les bois de Montlognon, au moyen d'un échange qu'ils firent avec Claude Fournier et Suzanne Guillier, sa femme, devant Richer l'aîné, notaire à Paris, le 2 janvier 1709 (1).

Les registres de catholicité de Fontaine attestent que Jean-Baptiste d'Avène résidait en ce village en 1716.

Nous avons fait remarquer qu'en 1715 fut supprimée la charge de conseiller au Parlement de Bretagne, dont avait été pourvu Pierre d'Avène, son père, mort la même année. Jean-Baptiste pouvait légitimement espérer lui succéder en cette charge. Aussi fut-il en dédommagement compris en l'art. 2 de l'état, arrêté au Conseil du roi, le 10 octobre 1716, pour l'acquisition de pareil office en la chancellerie près le Parlement de Rouen, à la somme de 30,000 livres. Il n'obtint néanmoins cet emploi que deux ans après. Ses lettres de provision sont du 28 juillet 1718. Il mourut à Paris en la paroisse de St-Nicolas du Chardonnet, le 27 juin 1727, à l'âge de 63 ans, laissant une fortune de sept à huit cent mille livres. Renée

---

(1) Arch. du chât. de Fontaine-les-Cornu.

Amyot, sa veuve, fit fondre pour son château de Fontaine, en 1734, une petite cloche, ornée de fleurs de lys, sur laquelle nous avons lu : *Faite faire par Mᵉ d'Avène, dammé de Fontaine, l'année 1734*. Au mois de mai 1745, elle fut marraine d'Achille René d'Avène, son petit-fils. Vatry, notaire à Paris, reçut son testament le 18 octobre 1745. L'exécution en fut consentie, devant le même notaire, le 27 novembre suivant. Le testament et la mort se suivirent donc de près. Renée Amyot avait institué son fils, Pierre-René, son légataire universel. Sept enfants lui durent le jour :

1. Jean-Baptiste-Claude d'Avène ;
2. Pierre-René d'Avène ;
3. Renée-Suzanne d'Avène, qui tint avec son frère Pierre-René sur les fonts du baptême, à Fontaine-les-Cornu, Pierre-René Fourdrin, le 9 octobre 1735 ;
4. Elisabeth-Madeleine d'Avène du Bois-Mignot, marraine, le 31 octobre 1737, de Henri-Louis Jeppé, fils du jardinier du château de Fontaine, son frère Pierre-René d'Avène étant parrain ;
5. Jeanne d'Avène, marraine de Charles-Jean d'Avène, son petit neveu, le 7 août 1780 ;
6. Marguerite-Françoise d'Avène de Malingre, marraine, le 27 octobre 1724, de Marguerite-Françoise Goeffé ;
7. Louise-Angélique d'Avène, marraine de Louise-Angélique Boudin, fille du cabaretier de Fontaine, le 6 novembre 1716 (1).

---

(1) *Reg. de Cathol.* Fontaine-les-Cornu.

Renée Amyot perdit l'une de ses filles vers 1729, peu de temps après la mort de Jean d'Avène son mari. Nous ne saurions dire si ce fut Marguerite-Françoise, ou Louise-Angélique.

III. — J.-B.-Claude d'Avène et Pierre-René d'Avène.

Jean-Baptiste-Claude d'Avène, écuyer, seigneur de Fontaine, gendarme de la garde ordinaire du roi, ayant obtenu son émancipation, plaidait en septembre 1731, contre Renée Amyot, sa mère, qui se refusait à le mettre en possession de la terre de Fontaine. Il lui reprochait en outre, d'avoir fait rédiger un inventaire dérisoire, à la mort de son père, et donnait entre autres preuves l'évaluation des meubles du cabinet estimés 21 livres 10 sols (1); sa mort doit être placée avant l'an 1739, car, à cette époque, Pierre-René d'Avène, son frère, encore mineur, sous la tutelle de Renée Amyot, est dit héritier pour un cinquième de Jean d'Avène, son père.

Pierre-René d'Avène, écuyer, seigneur de Fontaine, après la mort de son frère, Jean-Baptiste-Claude d'Avène, obtint, le 15 décembre 1734, des lettres de bénéfice d'âge, ou d'émancipation, qui furent homologuées par sentence du Châtelet de Paris, le 9 février 1735. Il fut nommé conseiller au Châtelet de Paris en 1738 (2). Un partage fait avec ses sœurs et Renée Amyot, sa mère, le 27 juillet 1743, le mit en possession des biens qui lui venaient de la succession de son père, Jean-

---

(1) Bibl. Nat. *Dossiers et titres*; d'Avène, 1054.
(2) *État de la France*, 1749, t. v, p. 558.

Baptiste d'Avène. Il est mort vers l'an 1800. Sa femme fut Louise-Marguerite le Bègue, dont il eut, dit-on, 18 enfants.

IV. — ACHILLE-RENÉ D'AVÈNE.

ACHILLE-RENÉ D'AVÈNE DE FONTAINE, chevalier, l'un des 18 enfants de Pierre-René d'Avène, naquit le 17 mars 1745. Des lettres de dispense de 4 ans 9 mois d'âge lui furent accordées, le 17 septembre 1765, à l'effet d'être pourvu d'un office de conseiller du roi, correcteur en sa Chambre des Comptes à Paris. Il remplissait encore cette charge au moment de la Révolution. On dit qu'il occupa un emploi honorifique dans la maison de M. le duc de Bourbon. Son nom figure sur la liste des membres de la noblesse, présents à l'assemblée générale des trois ordres à Senlis, le 11 mars 1789. Il fut incarcéré avec Charles-Jean d'Avène, son fils, sous la Terreur, et ses biens furent séquestrés pendant 8 ans. Le grand hôtel Lambert, qu'il possédait en l'Ile-Notre-Dame, rue St-Louis, à Paris, fut alors complètement dévalisé. Il avait acheté cet hôtel les 9 et 10 avril 1781, devant Nau, notaire à Paris, des héritiers de Marin de la Haye et Marie-Edmée de Saint-Mars, sa veuve. Le 29 janvier 1784, Charles de Rohan, prince de Soubise, duc de Rohan-Rohan, pair et maréchal de France, capitaine-lieutenant des gendarmes de la garde du roi, gouverneur et lieutenant général des provinces de Flandres et de Haynault, gouverneur particulier des ville et citadelle de Lille, lui vendit les terres et seigneuries de Roberval, Rhuis, St-Germain-les-Verberie en partie; le fief de St-Frambourg sis à Noé-St-Martin, les fiefs de Bacouel, et Poulain d'Estrelin, sis à Rhuis, les fiefs de Montvinet, St-Christophe, Chevreuse, Poussemie (canton de Pont-Ste-Maxence), etc., moyennant 190,000 livres.

Achille-René d'Avène, épousa Félicité Brochant, fille de Charles-Jean-Baptiste Brochant, chevalier, seigneur d'Antilly (1) et de Madeleine-Charlotte le Couteulx de Vertron (2). Elle lui donna quatre enfants :

1. Barthelemy-René d'Avène de Fontaine, élève de l'école des chevau-légers de la garde royale, selon son certificat du 27 août 1787, émigré pendant la Révolution, mis en possession de la croix de St-Louis par certificat du 17 octobre 1815, officier à l'armée de Condé, selon son certificat de service du 31 décembre 1815, nommé chevalier de St-Louis par lettres du 24 août 1824, et chef d'escadron de cavalerie par brevet du même jour, mort à Paris sans avoir été marié;

2. Pierre, vicomte d'Avène de Fontaine, tige de la branche de Fontaine;

3. Charles-Jean d'Avène de Roberval, tige de la branche de Roberval;

4. Marie-Louise d'Avène, décédée, le 4 novembre 1779, à Fontaine, à l'âge d'environ cinq ans.

Félicité Brochant mourut à Paris, le 19 janvier 1799.

---

(1) Brochant d'Antilly : *d'or à l'olivier de sinople accosté de deux croissants de gueules; à la champagne d'azur, chargé d'un brochet d'argent.*

(2) On conserve au château de Roberval les portraits de Barthélemy le Couteulx, écuyer, seigneur de Vertron (19 février 1698 — 1ᵉʳ août 1786) et Marie-Madeleine Guillier (20 fév. 1703. — 12 avril 1723), père et mère de Madeleine-Charlotte le Couteulx de Vertron.

Achille-René d'Avène, son mari, est décédé à Roberval, le 12 avril 1828, à l'âge de 83 ans.

Nous arrivons à l'époque où la famille d'Avène se partage en deux branches, celle de Fontaine et celle de Roberval. Avant de poursuivre notre généalogie, faisons un retour sur les siècles passés, et voyons rapidement quels seigneurs possédèrent la terre de Roberval, avant les Soubise.

Vers 1171, sous l'épiscopat de Beaudouin III, évêque de Noyon, apparait Raoul de Robertval, *Radulphus de Roberti-Valle*. Holda, sa femme, fille de Bochard de Thourotte, donna alors à l'abbaye d'Ourscamp, tout ce qu'elle tenait en fief de Rainaud d'Antheuil au Mont d'Atticny (1). Odon de Robertval, son fils, ratifia cette aumône. Au mois de septembre 1227, Raoul et Galerand de Robertval vendirent au chapitre de Notre-Dame de Senlis la dîme qu'ils avaient à Orry. Raoul, chevalier, vidame de Senlis, et sa femme Hélisende, de qui relevait cette dîme, en confirmèrent l'aliénation (2). En mai 1291, Jean de Robertval, dit le Gaigneur, *Johannes, dictus Lucrator, dominus de Roberti-Valle*, se soumettait à l'arbitrage de l'abbé de St-Denis. Il s'était emparé du moulin Henri et d'un jardin, sis à Robertval, appartenant au prieuré de St-Nicolas d'Acy, sous prétexte que les devoirs féodaux avaient été négligés. On lui promit un cens annuel de 20 sols parisis. Il rendit aussitôt les biens

---

(1) Peigné-Delacourt. *Cartul. d'Ourscamps*, p. 206.
(2) Arch. de l'Oise. *Chapitre de Senlis*, Orry-la-Ville. — Invent. somm G. 2258.

saisis (1). L'hôpital des Carmes fut par lui fondé à Senlis en 1303.

Guillaume le Gaigneur obtenait en 1314 un arrêt du Parlement contre Jean le Bouteiller. Marie, fille d'Oudart le Gaigneur et femme de Jean d'Avesne, faisait son testament en 1348. Oudart le Gaigneur, mort à cette date, avait reçu la sépulture à Saint-Aignan de Senlis (2).

Passons à l'an 1472 (3). A cette date Roberval appartenait à Beauger ou Beaugeois de Popincourt, écuyer, dont il est encore fait mention en 1487. En 1505, la dame de Roberval est Alix de Popincourt. Epousa-t-elle le sieur de Poictiers, ou lui vendit-elle sa terre ? On l'ignore. Toujours est-il, qu'en 1509 nous trouvons Bernard de la Rocque, écuyer, seigneur d'Arzains, Armenys, connétable de Carcassonne, marié à Ysabeau de Poitiers, dame de Roberval. Ysabeau, veuve en 1516, paraît encore dans les titres l'année suivante. En 1526, la terre de Roberval est aux mains de Jean-François de la Rocque. Ce seigneur, chargé par François Ier, en 1544, de compléter la défense de la ville de Senlis, se fit remarquer par une activité et un dévouement extraordinaires (4). Nommé vice-roi du Canada, il vendit, le 23 juin 1541, sa terre de Bacouel, pour se procurer les fonds nécessaires aux grands voyages qu'il projetait. En 1542, il achetait divers navires à

---

(1) AFFORTY. *Collect. Silvan.* t. XVI, p. 635.

(2) L'abbé MULLER. *Rues, places de Senlis.* Art. Henri IV. p. 314.

(3) Tous les titres relatifs à la terre de Roberval, de 1472 à nos jours, sont conservés au château de Roberval. M. Maurice de Roberval nous les a communiqués avec une obligeance dont nous ne saurions jamais trop le remercier. C'est de lui également que nous tenons la majeure partie des documents concernant sa famille.

(4) L'abbé MULLER. *Rues, places de Senlis.* Art. Fortifications, p. 249.

Honfleur. En 1548, on lui concédait la permission de « quérir et cherchier les mines d'or, d'argent, d'azur (*lapis lazuli*), de plomb, et aultres métaulx par tous les lieux et places » du royaume de France (1). Hélas! sa fortune était déjà bien compromise. En 1550, il était reconnu débiteur de 2486 livres 10 sols, qu'il ne pouvait plus payer. Sa terre de Roberval, saisie le 9 juillet 1552, fut adjugée par décret, le 22 février 1565, à Louis de Magdaléan, écuyer, seigneur de Montathère, au prix de 5,300 livres. Louis de Magdaléan ne jouit guère que douze ans de son acquisition; car, au 25 juin 1577, c'était Marguerite de Fay, sa veuve, qui administrait ses domaines. A Marguerite de Fay succède, en 1596, Josias de Magdaléan, écuyer. En 1619, le seigneur de Roberval est Jehan de Magdaléan, qui épousa Judith de Chauvigny. Guy de Magdaléan, l'un de ses trois fils, eut sa terre vers 1632 et la garda quelques années, probablement jusqu'à sa mort. En 1641, le 30 mars, Isaac de Magdaléan (ou de Madaillan, comme on écrivait alors), frère de Guy et son héritier, vendit, de concert avec sa femme, Jeanne de Varigny, les terres et seigneuries de Roberval, Noé St-Martin, Bacouel, Rhuis, etc., à Henri de la Mothe-Houdencourt, évêque de Rennes, moyennant 54,000 livres.

Le 28 août 1685, au partage des biens d'Henri de la Mothe-Houdencourt, décédé archevêque d'Auch le 24 février 1684, sa nièce, Charlotte-Éléonore de la Mothe-Houdencourt, duchesse de Ventadour, eut pour son lot la

---

(1) *Bulletin de la Soc. des Antiq. de France*, 1869, t. xxxi, p. 115.

terre de Roberval estimée 52,800 livres, les terres de Rhuis et de St-Germain estimées 40,000 livres, et 2,846 livres 13 sols, 4 deniers en argent, ce qui portait son tiers de succession à 95,646 livres 13 sols 4 deniers.

Anne-Geneviève de Lévis-Ventadour, fille unique qu'elle eut de Louis-Charles de Lévis, duc de Ventadour, apporta ces biens en dot, le 16 février 1691, à Louis-Charles de la Tour d'Auvergne, prince de Turenne, qui mourut l'année suivante.

Le 19 février 1694, un nouveau mariage fit passer Roberval et les autres terres à Hercule-Mériadec de Rohan, duc de Rohan-Rohan, prince de Soubise. A la mort de ce nouveau maître, arrivée le 26 janvier 1749, son petit-fils, Charles de Rohan, entra en possession du domaine patrimonial. C'est, avons-nous dit, le 27 janvier 1784, qu'il le vendit à Achille-René d'Avène de Fontaine, dont les descendants le possédent encore.

BRANCHE DE FONTAINE.

V. — Pierre, vicomte d'Avène.

Pierre, vicomte d'Avène (1) de Fontaine, né et baptisé à Fontaine-les-Cornu, le mardi 30 mars 1773, eut pour parrain Pierre-René d'Avène, écuyer seigneur de Fon-

---

(1) Les membres de la famille d'Avène n'écrivent pas tous aujourd'hui leur nom patronymique de la même manière. Leurs ancêtres en ont supprimé l'apostrophe, pour mieux dissimuler leur noblesse, aux sinistres jours de la Révolution. La branche de Fontaine seule l'a depuis rétablie. A son exemple et pour l'uniformité, nous écrivons toujours d'Avène.

taine, son aïeul paternel, et pour marraine Madeleine-Charlotte le Couteulx de Vertron, son aïeule maternelle. Edmé-Joseph Berthier, commissaire nommé par le roi, pour exercer la charge de généalogiste des ordres de St-Michel et du St-Esprit, et généalogiste en survivance de l'ordre de St-Louis, lui remit un certificat de noblesse le 21 juin 1786. Il servit comme officier aux gardes françaises. Nommé maître d'hôtel du roi, par brevet du 1ᵉʳ novembre 1814, et chevalier de la légion d'honneur, par brevet du 5 avril 1828, il fut autorisé à fonder un majorat, avec titre de vicomte, par ordonnance royale du 26 avril 1829, et créé vicomte par lettres patentes du roi Louis-Philippe du 7 décembre 1830. Il mourut le 30 août 1859 à Grangemenant (Seine-et-Marne). Sa femme, Marie Chappuzeau de Viefvillers, était la fille de Clair-Louis Chappuzeau de Viefvillers (1), ancien capitaine de dragons, au régiment d'Orléans, chevalier de St-Louis, et de Françoise Chassepot de Beaumont. Il l'épousa le 2 complémentaire an VIII (19 septembre 1800) et en eut deux fils :

1. Achille, vicomte d'Avène de Fontaine ;
2. Charles-Gustave-Marie, baron d'Avène de Fontaine, né à Paris, le 13 novembre 1816, marié le 16 mars 1843, à Angélique-Victorine Duret de Tavel (2), qui lui a donné deux enfants :

---

(1) Chappuzeau de Viefvillers : *d'or, au chevron d'azur, accompagné de trois têtes de Maures de sable bandées d'argent et de gueules, au chef d'azur chargé de trois pommes de pin d'or.*

(2) Duret de Tavel : *d'azur, au chevron d'or, accompagné de trois étoiles d'or, 2 en chef et 1 en pointe, celle dernière surmontant une terrasse de trois monticules d'argent ombrés de sable.*

A. Pierre-Joseph-Gaston d'Avène de Fontaine, né à St-Ouen (Loir-et-Cher), le 11 mai 1848;

B. Marie-Berthe d'Avène de Fontaine, née à Villemareuil (Seine-et-Marne), le 5 septembre 1858.

VI. — ACHILLE, VICOMTE D'AVÈNE.

ACHILLE, vicomte d'Avène de Fontaine, est né à Paris à l'hôtel Lambert, dans l'Ile Notre-Dame, paroisse de St-Louis, le 22 thermidor an IX (10 août 1801). Il s'est marié en 1829 à Marie-Constance de Martin-du-Tirac-de-Marcellus (1), dont il n'a pas d'enfant.

BRANCHE DE ROBERVAL

V. — CHARLES-JEAN D'AVÈNE.

CHARLES-JEAN D'AVÈNE DE FONTAINE DE ROBERVAL, troisième fils d'Achille-René d'Avène de Fontaine, naquit le 5 août 1780, et fut baptisé le 7 août suivant à St-Séverin de Paris. Son parrain fut Charles-Jean-Baptiste Brochant, chevalier, seigneur d'Antilly, conseiller du roi, correcteur ordinaire en sa chambre des comptes, son aïeul maternel, et sa marraine, Jeanne d'Avène de Fontaine, sa grand'tante paternelle. Une note rédigée de sa main nous apprend que Louis de Bourbon, duc d'Enghien, vint se cacher au château de Roberval, pendant les trois jours qui précédèrent son émigration; que son frère, Barthélemy-René d'Avène de Fontaine, a quitté la France pendant la Révolution; que son père et lui ont été incarcérés alors pendant deux ans et leurs biens séquestrés

---

(1) Martin-du-Tirac-de-Marcellus : *d'azur à la tour crénelée d'argent, maçonnée de sable, au chef cousu de gueules, chargé de 3 pommes de pin d'or.*

pendant huit ans; que le 20 mars 1814 il se fit inscrire dans un escadron de guerre; et qu'à la Restauration il est entré dans la garde à cheval de Paris, comme brigadier fourrier. Charles-Jean d'Avène de Roberval a épousé à Tartigny (canton de Breteuil), le 14 juillet 1802, Adélaïde-Marie-Françoise Cavé d'Haudicourt, née à Paris le 4 juillet 1784, fille de Claude Cavé d'Haudicourt de Tartigny (1) et d'Adélaïde-Jeanne Dupont. Il acheta le 29 août 1806 la terre et le château du Marais de Chevrières (canton d'Estrées-St-Denis), à André-Marie le Bœuf et Suzanne-Henriette Boissy d'Anglas, sa femme, moyennant 60,000 francs.

André-Marie le Bœuf était l'un des trois enfants de Jean-François-Nicolas le Bœuf, avocat au Parlement, procureur au Châtelet de Paris, acquéreur du Marais de Chevrières vers 1740, et de Marie-Madeleine Gruel, dame de Morucourt.

Charles-Jean d'Avène est qualifié comte d'Avène de Roberval en plusieurs actes des années 1840 et 1841, et son fils, Edmond-Pierre, y est désigné comme vicomte. Ces titres leur ont été en effet concédés, en même temps que le furent ceux que l'on porte dans la branche de Fontaine; mais les diplômes n'en ont pas été délivrés. On ne les a pas demandés au roi Louis-Philippe.

Charles-Jean, comte d'Avène de Roberval, mourut au château de Roberval, le 8 mai 1859. Sa femme, décédée au même château, 18 ans auparavant, le 29 septembre 1841, avait demandé que son corps fût transporté à Che-

---

(1) Cavé d'Haudicourt : *d'azur à 3 étoiles d'or.*

vrières. L'inhumation s'y fit le 2 octobre suivant. De leur union étaient issus cinq enfants :

1. Adolphe-Etienne-Charles d'Avène de Roberval, né à Paris, le 23 novembre 1803, élève de l'école royale et militaire de St-Cyr, décédé au château du Marais, le 19 juin 1818 et inhumé le 22 juin à Chevrières;

2. Léonie d'Avène de Roberval, morte vers l'âge de 13 ans.

3. Edmond-Pierre d'Avène de Roberval;

4. Octavie-Pauline d'Avène de Roberval, — mariée à Chevrières, le 16 juin 1829, à Claude-Aimé-Alfred Geoffroy d'Assy, — décédée à Saint-Pierre-Pompoint, à l'âge de 22 ans et demi, le 5 septembre 1833, et inhumée le lendemain à Chevrières. Elle avait donné le jour à deux enfants :

A. Marie-Valentine d'Assy, décédée à Paris, le 14 mars 1833, âgée de 2 ans et demi, inhumée à Chevrières;

B. Anatole d'Assy, décédé au château du Marais, le 15 août 1835, à l'âge de 2 ans et demi, inhumé à Chevrières.

5. Albert-Antoine d'Avène de Roberval, mort jeune au château de Tartigny.

VI. — EDMOND-PIERRE, COMTE D'AVÈNE.

EDMOND-PIERRE, comte D'AVÈNE DE ROBERVAL, est né à Paris le 9 janvier 1809. Henriette-Marie-Françoise Thierion de Chipilly, qu'il a épousée à Amiens, le 8 juillet 1839, était née en la même ville, le 22 décembre 1819, de

Alexandre-Marie-Henri Thierion de Chipilly (1) (✠ le 27 octobre 1857) et de Louise-Françoise-Clary Billecocq d'Ognolles (✠ le 19 novembre 1877). Elle lui a donné cinq enfants :

1. Maurice-Pierre-Marie d'Avène de Roberval, né à Amiens, le 10 juillet 1840, baptisé à Roberval, le 26 juillet suivant, mort jeune;

2. Jeanne-Clary d'Avène de Roberval, — née à Amiens, le 14 juillet 1841, — mariée à Chevrières, le 5 octobre 1859, à Jean-Charles-Louis-Joseph Harlé d'Ophove, fils de Charles-Louis-Marie-Eugène Harlé d'Ophove, pair de France, et de Louise-Marie-Joséphine Wartelle d'Herlincourt, — et décédée à Paris, le 8 mai 1883. Leurs enfants sont :

A. Louise-Marie-Adélaïde-Françoise Harlé d'Ophove, née à Roberval, le 19 décembre 1860;

B. Etienne-Pierre-Charles-Marie Harlé d'Ophove, né à Roberval, le 8 décembre 1861, sous-lieutenant de cavalerie;

C. Edmond et D. Charles Harlé d'Ophove, nés le 13 avril 1863, morts jeunes ;

E. Marie-Joséphine-Madeleine Harlé d'Ophove, née à Cannes (Alpes-Maritimes), le 1er janvier 1872, décédée à Paris, le 23 février 1876;

F. Clary-Madeleine-Marie-Joséphine Harlé d'Ophove, née à Chevrières, le 19 août 1877.

3. Henriette d'Avène de Roberval, née et décédée à Amiens, en 1844;

---

(1) Thierion de Chipilly : *d'argent, au chevron d'azur, accompagné en chef de deux colombes affrontées de gueules, perchées sur chicots couchés de sinople, et en pointe d'un croissant aussi de gueules.*

4. Marie-Pierre-Maurice d'Avène de Roberval;

5. Alix-Marie-Madeleine d'Avène de Roberval, — née à Chevrières, le 12 juin 1847, — mariée à Roberval à Abel-Marie Guyard de Chalambert (1) — décédée à Roberval, le 19 décembre 1869, laissant un fils Louis Guyard de Chalambert, né à Roberval, le 24 novembre 1869.

Edmond-Pierre, comte d'Avène de Roberval, est décédé au château de Roberval, le 14 septembre 1873.

VII. — MARIE-PIERRE-MAURICE D'AVÈNE DE ROBERVAL.

MARIE-PIERRE-MAURICE D'AVÈNE DE ROBERVAL, est né à Chevrières, le 22 juin 1845. Il s'est marié, à Chantilly, le 20 février 1879, à Thérèse-Marie Perdrigeon du Vernier (2), née à Paris, le 14 février 1859. De cette union sont nés trois enfants :

1. Alexandre-Marie-Pierre d'Avène de Roberval, né à Roberval, le 5 mai 1880;

2. Henri-Jules-Marie d'Avène de Roberval, né également à Roberval, le 21 décembre 1881 ;

3. Charlotte-Jeanne-Marie d'Avène de Roberval, née aussi à Roberval, le 9 décembre 1883.

---

(1) Guyard de Chalambert : *Parti, à dextre d'argent à la fasce de gueules, accompagnée en chef de trois croissants du même, mal ordonnés, et en pointe de trois étoiles aussi de gueules, posées 2, 1; à senestre d'hermine plein; et un pal d'azur brochant sur le tout.*

(2) Perdrigeon du Vernier : *d'argent au chevron de gueules, au chef d'azur chargé de trois étoiles d'or, à la plaine de sinople chargée d'une perdrix de sable.*

APPENDICE Ier.

La terre de Fontaine-lès-Cornu depuis la Révolution.

Achille-René d'Avène de Fontaine vendit, le 21 nivôse an X (11 janvier 1802), devant Legrand, notaire à Paris, le château de Fontaine avec 60 arpents de terre et 20 arpents plantés en arbres, la ferme de Fontaine avec 225 arpents de terre, la ferme de Montlognon avec 140 arpents de domaine, 275 arpents de bois dépendant de Fontaine et de Montlognon, un moulin à eau, sis à Fontaine, avec 19 arpents de pré et 8 arpents de terre, deux maisons à Fontaine et une maison à Montlognon. François-Etienne Kellermann, général de division, inspecteur général de la cavalerie, s'en rendit acquéreur, moyennant 200,000 livres pour les immeubles, et 10,000 livres pour les meubles du château. Les fermes de Fontaine et de Montlognon se trouvaient affermées pour 12 ans, depuis le 23 nivôse an VI (12 janvier 1798), à Philippe Heu de Troussures, près Beauvais, et Marie-Anne Dupressoir, sa femme, fille de Pierre Dupressoir, cultivateur à St-Martin-Longueau (canton de Pont-Ste-Maxence). Les redevances annuelles de leur bail s'élevaient à 145 setiers de blé (81 hectolitres 47,26) et 117 setiers d'avoine (334 hectolitres 83,06), mesure de Senlis. Le nouveau propriétaire était le fils de François-Christophe Kellermann (1735 — ✻ 1820) le héros de Valmy, vainqueur des Prussiens en 1792, maréchal de France, créé duc de Valmy par Napoléon Ier. Le roi Louis XVIII autorisa, le 30 juillet 1817, le maire et la commune de Fontaine à échanger leur église et leur cimetière, enclavés dans l'enceinte du château, contre une autre église, un presbytère et un cimetière, nouvellement établis, au centre du village, par le général, qui prenait à cette époque le titre de comte de Valmy. Diverses acquisitions contribuèrent successivement à agrandir et embellir le domaine de Fontaine. Il n'allait pas tarder cependant à passer en d'autres mains. Le 3 avril 1824, François-Etienne Kellermann, alors duc de Valmy, pair de France, lieutenant général des armées du roi, grand cordon de la légion d'honneur, chevalier de St-Louis, commandeur de l'ordre de la couronne de fer, vendit sa propriété à Etienne Tardif de Pommeroux, comte de Bordesoulle, et Eulalie-Sophie Boissière, sa femme, au prix de 500,000 francs. Les hautes dignités, dont fut revêtu le comte de Bordesoulle, attestent sa valeur et son dévouement. Il fut pair de France, lieutenant général des armées du roi, grand croix de St-Louis et de la légion d'honneur, grand croix de l'ordre de St-Alexandre de Newski de Russie, grand croix de l'ordre de Charles III d'Espagne, menin de M. le Dauphin, gouverneur de l'école polytechnique, gentilhomme d'honneur du duc d'Angoulême et commandant de la première division de la garde royale.

L'Europe entière retentit du bruit de sa gloire. Spire (1792), Landau, Erixeim (1794), Salzbach, Emettinghen (1795), Novi (1799), Neubourg (1800), Austerlitz (1805), Gustadt (1807), Aranjuez (1808), Medellin, Wagram (1809), Soleschniki, Mohilow, la Moskowa, Krasnoë, (1812), Lutzen, Bautzen, Dresde, Leipsick (1813), Champ-Aubert, Vauchamp, Villeneuve, Valjouan, Laon, Reims (1814), Madrid, Santa-Cruz, Vilches, Cadix et le fort du Trocadéro (1823), servirent de théâtres à ses exploits (1). Né à Luzeret (Indre), le 4 avril 1771, il est mort à Fontaine, le 4 octobre 1837. Sa femme était décédée cinq ans auparavant, le 27 juin 1832. Elle était née à St-Claude (Charente), en 1774.

Leur fils, Jean-Baptiste-Frédéric-Adolphe Tardif, comte de Bordesoulle, né à Paris le 25 mai 1804, fut officier aux chasseurs de la garde royale et chevalier de l'ordre de St-Ferdinand d'Espagne. Il est décédé à Fontaine, le 17 avril 1855. Laure-Florentine Seillière, comtesse de Bordesoulle (2), qu'il avait épousée en janvier 1830, lui a donné deux filles :

1. Sophie-Françoise-Elise Tardif de Bordesoulle, qui a épousé à Paris, le 21 février 1861, Gabriel-Honoré-Robert, baron de Morell, conseiller général de l'Oise;

2. Stéphanie-Camille-Valentine Tardif de Bordesoulle, mariée à Paris le 24 mai 1861, à Charles-Antoine-Adalbert, marquis de Maussabré-Beufvier.

Le baron de Morell a une fille, Marie-Augustine-Jeanne-Renée, née le 15 décembre 1864, et le marquis de Maussabré deux fils : Gilbert-Etienne, né le 24 avril 1862, et Robert-Gilbert, né le 29 décembre 1864.

Les armes de Tardif de Bordesoulle sont : *d'azur, au dextrochère d'argent, tenant une épée aussi d'argent, montée d'or, sur un manteau d'azur doublé d'hermine;*

---

(1) Cf. *Nouvelle biographie universelle.* Firmin Didot, éditeur. Art. BORDESOULLE.

(2) Mᵐᵉ la comtesse de Bordesoulle nous a permis de prendre en ses archives de précieux renseignements. Nous nous empressons de lui offrir l'expression de notre reconnaissance.

l'écu timbré d'une couronne de pair ou bonnet d'azur, cerclé d'hermine, entouré d'une couronne de baron et surmonté d'une houppe d'or.

Seillière porte : Coupé ; en chef recoupé au 1 de gueules, chargé à dextre d'un bélier dansant d'or, et à senestre d'un caducée aussi d'or ; au 2 d'or, chargé à dextre d'une molette de sable et à senestre d'une ancre penchée, également de sable ; en pointe d'argent au sautoir de gueules.

De Morell : d'or au lion de sinople, armée et lampassé de gueules, couronné d'argent.

Maussabré Beufvier : d'azur au lambel d'or à trois pendants en chef. Cimier : un cavalier armé de toutes pièces, tenant un sabre à la main.

APPENDICE II.

LA VICOMTÉ D'OPHOVE.

Ophove était avant la Révolution une seigneurie fief et vicomté, située sur le territoire de Brêmes, au comté d'Ardres en Basse-Picardie. Ce n'est plus aujourd'hui qu'une ferme, dépendante de la commune de Brêmes (canton d'Ardres, Pas-de-Calais). Le 4 mai 1665, Philippe Mallet, demeurant en la basse ville d'Ardres et Catherine Harlé, sa femme, achetaient à Louis du Quesnoy, écuyer sieur d'Escœuilles (canton de Lumbres, Pas-de-Calais) et Marie de Conteval, sa femme, cette seigneurie et vicomté, avec la justice, la censive, les droits de relief et les terres en domaine. Ils moururent sans laisser d'enfants,

Blaise Mallet et Pierre Harlé, leurs héritiers, se mirent en possession de la seigneurie d'Ophove, dont ils jouirent indivisément, chacun pour moitié. Blaise Mallet prit le titre de seigneur de Brêmes, après en avoir acquis la terre. Pierre Harlé se qualifia seigneur d'Ophove. Jean-Baptiste Mallet, lieutenant particulier au siège royal de Calais (1745) et Thomas-Blaise Mallet (1760), l'un fils, l'autre petit-fils de Blaise Mallet, occupèrent successivement la moitié de la vicomté d'Ophove. En 1786, cette part de seigneurie appartenait au sieur Delgorgue de Romy.

I. Pierre Harlé d'Ophove, possesseur de l'autre moitié de la vicomté, vivait encore en 1691.

II. Son fils, aussi nommé Pierre, habitait le Fresne, paroisse de Landrethum-lès-Ardres (Pas-de-Calais). Il épousa Marie Boulette ou Berlette, dont il eut huit enfants : 1. Antoine, 2. Jean, 3. Charles, 4. Anne, femme de N.... de Vitte; 5. Catherine, femme de Nicolas le Cocq, 6. Marie-Anne, femme de Charles Butor de Blamont, 7. Marie, femme de Louis Briche, 8. Marie-Jeanne, femme de Florent-Charles Ben.

III. Jean Harlé, seigneur d'Ophove, après le décès d'Antoine, son frère aîné, mourut le 14 novembre 1767. Sa femme, Marie-Marguerite Lavoisier, lui donna un fils, Jean-Marie Harlé d'Ophove, et trois filles : 1. Marie-Jeanne-Françoise Harlé, femme de Jean-Julien Pruvost, demeurant à Alembon (canton de Guines, Pas-de-Calais), 2. Marie-Elisabeth Harlé, femme de François

Martin, demeurant à Hermelinghem (canton de Guines), et 3. Marie-Joseph Harlé. Étant devenu veuve, Marie-Marguerite Lavoisier se remaria à Michel-Adolphe Butor de Blamont.

IV. JEAN-MARIE HARLÉ D'OPHOVE, né à Alembon, le 7 avril 1765, faisait le 14 avril 1786 le retrait féodal du fief de Bellevue, en la mouvance de la vicomté d'Ophove, que venait de vendre Jean-Marie du Tertre, chevalier, seigneur de Beauregard, chevalier de St-Louis, major de place de Philippeville, et qu'avait acheté Jean-Sulpice-Louis-Marie Guillaume, assesseur en la mairie royale d'Ardres-en-Calaisie. Le 17 février 1789, il épousa, en cette même ville d'Ardres, Marie-Louise-Eugénie Parent de Grosmont, née à Ardres le 5 avril 1762, morte à Paris, le 7 juillet 1838, fille de Jean-Baptiste Parent de Grosmont, ancien gendarme du roi en la compagnie de Berry, et de Marie-Louise Lardeur. Jean-Marie Harlé d'Ophove comptait au nombre de ses parents Thomas Harlé, décédé avant 1784, et Marie-Françoise Harlé, veuve de Pierre la Pierre, demeurant au Fresne en 1789. C'étaient sans doute les enfants de Charles Harlé, son oncle. En 1790, il fut nommé, par la voie d'élection, receveur du district de Calais, et remplit ces fonctions pendant les plus mauvais jours de la tourmente révolutionnaire. Lors de la création des recettes générales, il fut successivement appelé à celles de Chaumont et d'Arras, où son mérite lui concilia de plus en plus l'estime publique. Pendant les Cent jours, la Chambre des représentants le compta parmi ses membres. Envoyé à la Chambre des Députés, après l'ordonnance du 5 septembre 1816, il fit partie de toutes les législatures, sauf celle de 1824. Après la Révolution de 1830, il fut encore honoré à plusieurs reprises du mandat de député. Il mourut à Paris, le 1ᵉʳ avril 1838, laissant un fils et une fille.

V. CHARLES-LOUIS-MARIE-EUGÈNE HARLÉ D'OPHOVE, son fils, seigneur de Bellevue, est né à Ardres, le 24 février 1790. Il fut receveur général du département du Pas-de-Calais, de 1812 à 1824. Le collège électoral d'Aire l'envoya siéger à la Chambre des Députés, de 1830 à 1846. Une ordonnance royale l'éleva en 1846 à la dignité de pair de France, en récompense de son dévouement et des services rendus à la France par son père. L'année suivante, il fut nommé chevalier de la légion d'honneur (1).

Louise-Marie-Joséphine Wartelle d'Herlincourt, qu'il avait épousée à Arras en 1822, était fille de Pierre-Mathias-Joseph Wartelle, baron d'Herlincourt, et de Louise-Marie-Adélaïde Vaillant. Elle était née à Arras, le 13 messidor an XII (2 juillet 1804). Elle est morte à Arcachon (Gironde), le 1ᵉʳ octobre 1870. Quatre enfants lui doivent le jour : 1. Marie-Joséphine-Adélaïde-Mélanie Harlé d'Ophove, née à Arras, le 1ᵉʳ octobre 1826; 2. Jean-Charles-Louis-Joseph Harlé d'Ophove, conseiller général de l'Oise de 1870 à 1877, — né à Arras, le 26 mars 1826, — marié à Chevrières, le 5 octobre 1869, à Jeanne-Clary d'Avène de Roberval ; 3, Marie-Pauline

---

(1) Cf. *Notice nécrologique* sur M. Harlé d'Ophove dans l'*Annuaire du Pas-de-Calais*, 1866.

Harlé d'Ophove, — née à Arras, le 30 mai 1830, — mariée à Hyères (Var), le 18 avril 1860, à Marie-Emmanuel Parent du Châtelet; — veuve depuis le 23 avril 1872, et mère de trois enfants : *a.* Marie-Joseph-Bernard Parent du Chatelet, né à Paris, le 30 mai 1861 ; *b.* Marie-Joseph-Paul-Eugène Parent du Chatelet, né à Paris le 24 octobre 1864 ; *c.* Marie-Joséphine-Claire-Angèle Parent du Châtelet, née à Paris, le 5 novembre 1866 ; 4. Eugène-Narcisse Harlé d'Ophove, — né à Arras, le 4 novembre 1834, — marié à Paris, le 6 novembre 1861, à Gabrielle-Hippolyte-Marie Esquirou de Parieu, fille de Marie-Louis-Pierre-Félix Esquirou de Parieu, vice-président du Conseil d'Etat, — et décédé à Arcachon (Gironde), le 9 novembre 1863, laissant une fille, Marie-Thérèse-Charlotte-Joséphine Harlé d'Ophove.

Charles-Louis-Marie-Eugène Harlé d'Ophove est décédé à la Forge de Clairvaux, commune de Longchamps (Aube), le 7 février 1865.

Sa sœur Pauline-Rosalie-Mélanie Harlé d'Ophove, née à Chaumont en Bassigny (Haute-Marne), le 11 décembre 1797, est décédée à Paris en février 1837, à l'âge de 39 ans et 2 mois. Elle avait épousé Antoine-Narcisse Lafond, pair de France, mort à Paris, le 29 décembre 1866, âgé de 73 ans (1).

---

(1) Tous les titres relatifs à la vicomté d'Ophove sont conservés au château du Marais, commune de Chevrières, Oise.

Amiens. — Typographie Delattre-Lenoel, rue de la République, 32.

Original en couleur
NF Z 43-120-8

www.ingramcontent.com/pod-product-compliance
Lightning Source LLC
Chambersburg PA
CBHW061004050426
42453CB00009B/1256